Renate Sültz & Uwe H. Sültz

Mein Telefon-
und Adressbuch

BoD - Books on Demand

Norderstedt 2016

Bibliografische Information durch die Deutsche Nationalbibliothek

Die Deutsche Nationalbibliothek verzeichnet diese Publikation in der Deutschen Nationalbibliografie; detaillierte bibliografische Daten sind im Internet über http://dnb.dnb.de abrufbar.

© 2016 Renate Sültz & Uwe H. Sültz

Herstellung und Verlag:

BoD – Books on Demand, Norderstedt

ISBN 978-3-73924-397-9

Übersicht

Seite	A-Z
05	A
09	B
13	C
17	D
21	E
25	F
29	G
33	H
37	I
41	J
45	K
49	L
53	M
57	N
61	O
65	P
69	Q
73	R
77	S
81	T
85	U
89	V
93	W
97	XYZ

Mein Name **Telefonnummer**

4

11

16

17

21

24

31

40

42

45

48

50

51

71

75

81

100

Eigene Notizen:

103